DE

L'URGENTE NÉCESSITÉ

DE RÉVISER LES DISPOSITIONS

DU CODE PÉNAL

Sur la mise en surveillance

Des Condamnés libérés.

PAR M. BAUDRY,

Avocat, conseiller de préfecture du Loiret, membre de la commission de surveillance
des prisons d'Orléans.

Orléans,

J.-B. NIEL, IMPRIMEUR, RUE D'ESCURES, 3.

—

1842.

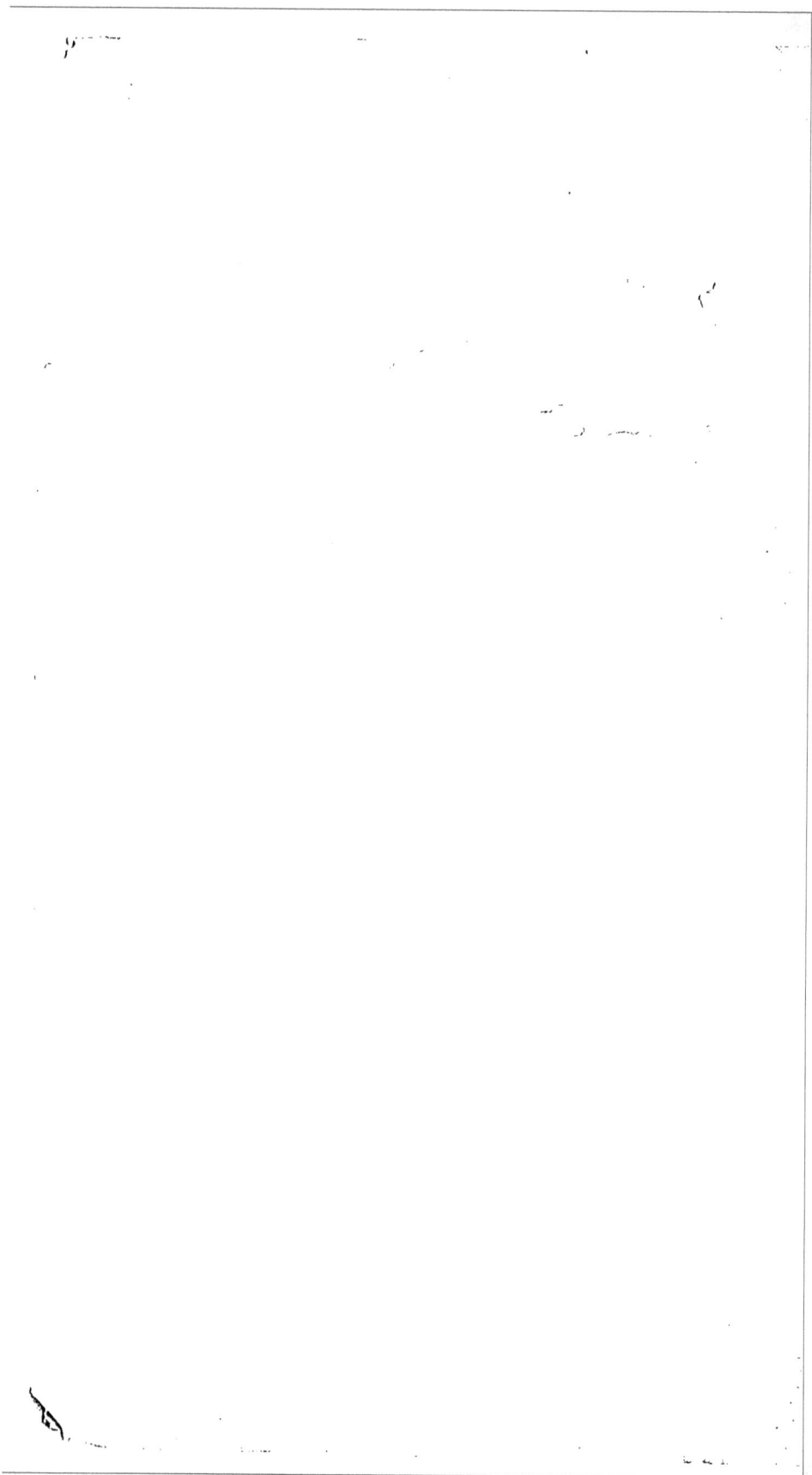

DE L'URGENTE NÉCESSITÉ

DE RÉVISER

LES DISPOSITIONS DU CODE PÉNAL

Sur la mise en surveillance

DES CONDAMNÉS LIBÉRÉS.

UNE réforme dans le régime général des prisons est proposée aux chambres; on veut un régime plus répressif, on espère diminuer le nombre des récidives, on veut tenter d'améliorer le moral des condamnés.

Ne doit-on pas, en même temps, rechercher s'il serait un moyen de rendre moins énorme le chiffre des individus qui vont sans cesse renouveler la population des prisons.

Il en existe un, je le crois, il est commandé par l'intérêt général de la société, qu'il faut toujours placer en première ligne; il est aussi un devoir d'humanité pour une foule de malheureux arrêtés, chaque jour, à raison d'une infraction à une mesure de police, inconnue en France jusqu'au code pénal de 1810.

C'est l'abolition, ou, au moins, une grande modification des dispositions de ce code, relatives au renvoi sous la surveillance de la haute police; ces dispositions sont une des causes incessantes de l'accroissement de la population des prisons. On peut s'en convaincre en consultant les tableaux de la statistique criminelle, on y verra que plus d'un dixième des condamnations prononcées par les tribunaux correctionnels ont pour objet l'infraction au ban de surveillance.

Si donc il était démontré que cette mesure n'a jamais réalisé le résultat que l'on avait espéré, dans l'intérêt de la société, qu'elle n'a jamais empêché de commettre un crime; si, d'ailleurs, il était avéré qu'elle réduit à la misère les condamnés libérés, repoussés de tous les ateliers au moment où la mise en surveillance vient à révéler la condamnation qu'ils ont subie, ne faudrait-il pas se hâter de la supprimer.

Lorsque, depuis 1830, notre code pénal a été soumis à une réforme, toutes les funestes conséquences de la mise en surveillance ont été unanimement reconnues; les opinions ne se sont partagées que sur les moyens de la rendre moins onéreuse pour les condamnés libérés.

Devait-on maintenir la disposition du code de 1810, qui autorisait à se rédimer de la mise en surveillance en fournissant une garantie de bonne conduite? Beaucoup de bons esprits le pensèrent; d'autres furent d'avis de renvoyer l'examen de cette question à une époque postérieure.

Voici ce que disait le rapporteur du nouveau projet de loi, à la chambre des députés, le 12 novembre 1831 : « Le système de cautionnement pourra se coordonner avec un code disciplinaire des prisons, devenir, pendant la durée de leur peine, l'espérance des condamnés et un puissant mobile de bonne conduite. »

Or, ce code disciplinaire est maintenant présenté, il va être mis en discussion; conçu dans les pensées les plus élevées, il va jusqu'à réformer plusieurs dispositions du code sur la durée des peines. Pourquoi donc laisser en arrière la question ajournée en 1832? Pourquoi, même, n'examinerait-on pas si la mise en surveillance doit être maintenue, si au moins elle ne doit pas être restreinte dans son application?

Vingt ans d'exécution de cette mesure, avant la réforme du code, en 1832, dix ans depuis, ont dû apprendre et ses avantages, et ses inconvéniens.

Il peut être fort utile, pour la bien juger, de voir comment elle s'est introduite dans notre législation, et comment elle a été exécutée avant et depuis 1832.

Une commission a été nommée, par arrêté des consuls du 7 germinal an IX, pour préparer un code criminel; elle présenta, quelque temps après, un projet très-volumineux, comprenant les lois pénales et les lois d'instruction criminelle.

La discussion n'a commencé, au conseil d'état, qu'en l'an XII. Le projet ne fut point adopté; il fut décidé que l'on établirait d'abord une série de questions dont la solution deviendrait la base du code criminel.

Quatorze questions furent présentées à la séance du 12 prairial an XII, la treizième ainsi énoncée : « Pourra-t-on placer sous la surveillance certains condamnés qui auront subi leur peine, et pourra-t-on exiger, dans certains cas, des cautions de leur conduite future. »

Telle a été l'origine de la mise en surveillance; elle ne devait atteindre que certains condamnés, auxquels même serait donnée la faculté de s'en affranchir, en fournissant une caution de bonne conduite future;

cependant elle excita de vives réclamations : pour la première fois, on portait atteinte à ce grand principe d'humanité, qu'après la peine subie, le condamné est quitte envers la société.

Lorsque, plus tard, la discussion s'est engagée au conseil d'état, à la séance du 8 octobre 1808, le consul Cambacérès dit que personne ne se refuserait à mettre sous la main du gouvernement un homme frappé par la justice, pour des crimes graves, mais qu'il conviendrait de fixer la quotité du cautionnement, parcequ'autrement, si elle était indéterminée, on exigerait un cautionnement excessif, que personne ne pourrait payer; qu'il faudrait que la mise en surveillance ne pût être prononcée que par les cours d'assises et non par les tribunaux correctionnels; qu'en général la mise en surveillance n'était utile qu'en matière de délits politiques, *mais que le même intérêt n'existait pas pour les autres crimes.*

Le conseiller d'état Treillard déclara partager cette opinion.

La proposition d'une mise en surveillance des condamnés, après la peine expiée, était si nouvelle et si peu comprise, même au conseil d'état, que Napoléon ayant demandé, à la séance du 25 février 1809, ce que l'on entendait par le renvoi sous la surveillance du gouvernement, il fut répondu par le conseiller d'état Réal, que : « Lorsqu'autrefois les parlemens ne trouvaient pas assez de preuves pour admettre entièrement l'accusation et appliquer la peine prononcée par les ordonnances, ils déclaraient l'accusé véhémentement suspect, et lui infligeaient une peine moindre ; que cet usage, aboli par la loi de 1791, se trouvait indirectement rétabli, et d'une manière différente, par le renvoi en surveillance.

Mais le conseiller d'état Berlier répliqua que son collègue se méprenait sur le sens de la mise en surveillance, que l'application de cette mesure serait incidente et accessoire à une condamnation principale, pour ne commencer qu'à l'expiration de la peine.

Ce qu'il importe bien de remarquer, c'est que la faculté de s'affranchir de la mise en surveillance fut la raison déterminante pour beaucoup de personnes qui la votèrent.

Le conseiller d'état Berlier disait à la séance du corps législatif, le 6 février 1810 : « Cette attribution à la haute police est d'une grande importance ; la société n'a-t-elle donc aucune précaution à prendre lorsque les hommes qui l'ont troublée rentrent dans son sein ? *S'ils ne peuvent trouver un seul citoyen solvable qui veuille cautionner leur conduite future*, n'est-ce pas un nouveau degré de suspicion qui s'élève contre eux et autorise, soit à les éloigner d'un lieu désigné, soit à leur prescrire l'habitation d'un autre, soit enfin à les arrêter et détenir s'ils désobéissent.

La mise en surveillance fut donc adoptée, et expliquée dans les articles 44 et 45 du code pénal de 1810.

« Art. 44. L'effet du renvoi sous la surveillance de la haute police de l'état sera de donner au gouvernement, ainsi qu'à la partie intéressée, le droit d'exiger, soit de l'individu placé dans cet état, après qu'il aura subi sa peine, soit de ses père et mère, tuteur ou curateur, s'il est en âge de minorité, une caution solvable de bonne conduite, jusqu'à la somme qui sera fixée par l'arrêt ou le jugement. Toute personne pourra être admise à fournir cette caution.

« Faute de fournir ce cautionnement, le condamné demeure à la disposition du gouvernement, qui a le droit d'ordonner, soit l'éloignement de l'individu d'un certain lieu, soit sa résidence continue dans un lieu déterminé de l'un des départemens de l'empire.

« Art. 45. En cas de désobéissance à cet ordre, le gouvernement aura le droit de faire arrêter et détenir le condamné, durant un intervalle de temps qui pourra s'étendre jusqu'à l'expiration du temps fixé pour l'état de la surveillance spéciale. »

On le voit clairement, le renvoi sous la surveillance de la haute police s'anéantissait tout aussitôt que le condamné donnait une caution de bonne conduite. Ainsi, sauf les individus totalement abandonnés, sans parens, sans amis, l'homme sortant même du bagne pouvait être libéré de la surveillance ; il obtenait la pleine liberté de sa personne, il dépendait de lui de recommencer une nouvelle existence et de s'adonner au bien.

Il est juste de reconnaître que le gouvernement mit toujours beaucoup d'indulgence dans l'application des articles précités. Lorsque l'individu mis en surveillance quittait la résidence qui lui avait été assignée, un court emprisonnement, quelquefois même une forte réprimande était sa seule punition ; ce qui pouvait lui arriver de pire, c'était d'être détenu jusqu'à l'expiration du temps fixé pour sa surveillance. Combien n'a-t-on pas vu, depuis 1832, de condamnés libérés réclamer cette détention comme une faveur ! « Car, disaient-ils, nous ne pouvons trouver de l'ouvrage tant que nous serons en surveillance. »

Peu de temps après la révolution de 1830, on a pensé à réformer plusieurs dispositions de notre code pénal. Celles relatives à la mise en surveillance ont été l'objet de longues discussions dans les deux chambres; il y a eu unanimité d'opinions pour rendre moins onéreuse la condition des individus soumis à cette mesure.

En présentant le projet de réforme du code pénal à la chambre des députés, M. le garde des sceaux disait : « Le mode actuel de surveillance élève des obstacles presque insurmontables contre l'amendement des criminels; les mesures prises par la police, pour s'assurer que le libéré occupe réellement la résidence qui lui a été assignée, donnent au fait de la condamnation une publicité inévitable. Surveillé par des agens subalternes, signalé à la défiance des maîtres, à la jalousie et au mépris des ouvriers, suspect de tous les crimes qui se commettent dans le lieu qu'il habite, le libéré ne trouve pas de travail. L'impossibilité de gagner honnêtement son pain étouffe en lui toutes résolutions d'une vie meilleure, la misère rappelle et entretient ses anciens penchans au crime, et il se jette dans la récidive aussi souvent par désespoir que par perversité. *Les libérés qui veulent s'amender essaient, par tous les moyens, d'échapper au supplice de la surveillance.* »

A la séance de la chambre des pairs, du 13 mars 1832, M. Bastard disait : « En adoptant le projet, vous rendrez à un malheureux qui a subi sa peine le moyen de se livrer au travail, et de se réconcilier envers la société, à laquelle il ne sera plus désigné tous les jours comme un être dangereux et flétri. »

On ne peut donc pas douter que le gouvernement et les chambres n'aient également voulu améliorer le sort des condamnés placés en surveillance, et, cependant, c'est une vérité incontestable que jamais les intentions les plus généreuses n'ont eu un résultat plus contraire, car le tableau du sort malheureux des condamnés libérés se reproduit encore tous les jours, il est même devenu plus fâcheux, sous beaucoup de rapports, qu'avant 1832. Ce qui est encore vrai, c'est que la mise en surveillance a perdu, pour la société, toute l'utilité que l'on en avait attendue, en 1810.

Voici comment les articles 44 et 45 du code de 1810 ont été modifiés :

« Art. 44. L'effet du renvoi sous la surveillance de la haute police sera de donner au gouvernement le droit de déterminer certains lieux dans lesquels il sera interdit au condamné de paraître, après qu'il aura subi sa peine. En outre, le condamné devra déclarer, avant sa mise en liberté, le lieu où il veut fixer sa résidence ; il recevra une feuille de route réglant l'itinéraire, dont il ne pourra s'écarter, et la durée de son séjour dans chaque lieu de passage. Il sera tenu de se présenter, dans les vingt-quatre heures de son arrivée, devant le maire de la commune ; il ne pourra changer de résidence sans avoir indiqué à l'avance, à ce fonctionnaire, le lieu où il se propose d'aller habiter, et sans avoir reçu de lui une nouvelle feuille de route.

« Art. 45. En cas de désobéissance aux dispositions prescrites par l'article précédent, l'individu mis sous la surveillance de la haute police sera condamné par les tribunaux correctionnels à un emprisonnement qui ne pourra excéder cinq ans. »

Comparons maintenant les dispositions primitives et les dispositions modifiées.

Sous le code de 1810, le condamné pouvait obtenir l'affranchissement de la surveillance, en donnant caution ; cette ressource lui a été enlevée.

S'il enfreignait son ban, il n'était justiciable que de l'administration, qui fut toujours indulgente, qui, d'ailleurs, n'avait aucun intérêt à garder en prison ceux qu'elle jugeait inoffensifs. Maintenant, si le libéré quitte sa résidence sans avoir averti l'administration, il est tout aussitôt conduit en prison, et il peut être condamné à cinq ans d'emprisonnement. Cette latitude donnée aux tribunaux correctionnels produit, tous les jours, des inégalités fâcheuses dans l'administration de la justice. A Paris, l'infraction du ban de surveillance est punie d'un ou deux mois d'emprisonnement, tandis que des tribunaux d'arrondissement condamnent à une ou deux années d'emprisonnement des libérés qui ont passé d'une commune dans une commune voisine.

La nouvelle législation a, il est vrai, concédé aux condamnés la faculté de choisir le lieu de leur résidence, non pas dans toute la France, car des départemens entiers et plusieurs villes sont interdits aux condamnés libérés, ce qui est encore une grave difficulté pour ceux qui ne peuvent trouver du travail que dans les grandes villes, les doreurs, tourneurs en métaux et autres.

Cette concession, que l'on considère comme un bienfait, a été très-fâcheuse pour le plus grand nombre des libérés : lorsque l'administration leur indiquait une résidence, elle choisissait les lieux dans lesquels elle supposait qu'ils trouveraient à s'occuper. Quand ils y arrivaient, ils étaient surveillés, mais, en même temps, protégés, par retour d'équité, par cela même qu'on les forçait de rester.

Maintenant, c'est presque toujours au hasard que ces malheureux indiquent une résidence qu'ils ne tardent pas à quitter.

Mais, d'ailleurs, cette faculté de choisir la résidence est accompagnée d'un mode d'exécution qui livre les libérés, dans tous les momens de leur existence, à la honte et à l'humiliation.

Si le condamné sort du bagne, ou de la maison centrale, ou même de la prison départementale, on lui donne une feuille de route, ou passeport, indiquant sa destination et l'itinéraire qu'il doit suivre. Cette feuille porte la lettre F si l'individu est forçat libéré ; la lettre R s'il a subi la peine de la réclusion ; la lettre C s'il sort de la maison centrale ou d'une prison départementale ; la lettre S s'il a été condamné politique.

Sur toute sa route, le libéré doit présenter le stigmate de sa condamnation ; la marque a été abolie, la douleur physique a été supprimée ; mais aujourd'hui le condamné porte plus ostensiblement l'empreinte de sa condamnation, il doit la montrer dans tous les lieux qu'il parcourt et au lieu de sa destination. Il y est déja connu, quand il arrive, car il a été annoncé; lui donne-t-on les moyens de trouver de l'ouvrage? non, c'est un hôte incommode dont on veut se débarrasser. Voilà comment la surveillance, ainsi qu'une main de fer, repousse les libérés, tous, sans distinction, repentans ou incorrigibles.

En est-il d'assez heureux pour rencontrer une administration bienveillante qui garde le secret sur leur position?

Trouvent-ils de l'ouvrage dans la commune, l'application, même la plus prudente, de la mise en surveillance, finit par les faire reconnaître et renvoyer des ateliers. On citait à la chambre des députés, en 1832, l'exemple d'un ouvrier dans une manufacture, estimé pour le plus laborieux et le plus honnête, qui, ayant été reconnu forçat libéré, en fut expulsé.

En 1841, il se trouvait dans les prisons d'Orléans un nommé Poissonait, porteur des meilleurs certificats, visés des maires des communes dans lesquelles il avait résidé, et attestant, les uns qu'il s'était conduit honnêtement, d'autres qu'il s'était très-bien comporté, un autre qu'il avait travaillé dans la maison avec une fidélité à toute épreuve. Malgré sa bonne conduite, il avait été successivement forcé de quitter ces résidences, lorsqu'il était reconnu pour un homme en surveillance. Il n'y avait été pourtant condamné que pour vagabondage, genre de délit sur lequel les tribunaux correctionnels tombent fréquemment dans l'erreur, en déclarant vagabond un homme sans passeport, qui ne justifie pas avoir un métier ; des terrassiers et des manœuvres se trouvent souvent dans ce cas.

Quelle est alors la ressource de ces malheureux, c'est de déchirer leur passeport et de changer de nom ; ils le faisaient avant 1832 ; ils le font encore, et ce qui est un sujet de graves réflexions, ce qui doit exciter au dernier degré la prompte sollicitude du législateur, c'est que beaucoup de ceux qui commettent cette infraction ne le font que dans une louable intention ; *ce sont ceux qui veulent s'amender qui essaient, par tous les moyens, d'échapper au supplice de la surveillance.* M. le garde-des-sceaux le disait en 1832, c'est encore aujourd'hui une vérité.

Les libérés qui, sans changer de nom, quittent leur résidence avant d'en avoir indiqué une autre et obtenu un passeport pour s'y rendre, sont bientôt arrêtés faute de papiers, et condamnés, pour infraction à leur ban, à un nouvel emprisonnement : ici encore une aggravation de peines est la conséquence de la nouvelle loi.

Avant 1832, l'infraction au ban de surveillance était punie par l'administration d'une détention plus ou moins courte ; le temps de la surveillance continuait d'avoir cours et marchait à son terme.

Aujourd'hui, au contraire, les condamnations prononcées par les tribunaux, à raison de cette infraction, ne se confondent point dans leur application avec le temps de la surveillance, qui est interrompu et ne reprend son cours que lorsque le condamné sort de prison. Telle est la jurisprudence de la cour de cassation, contraire, il est vrai, à celle de plusieurs cours royales.

Il résulte de ces condamnations pour infraction au banc de surveillance qu'un grand nombre d'individus ne quittent plus les prisons ; les condamnations viennent s'ajouter à la mise en surveillance ; on a vu, dans les prisons d'Orléans, des individus qui, en quatre années, étaient à leur huitième et dixième année de condamnation ; l'un d'eux était à son quinzième jugement. On peut dire que ces hommes sont le fond de la population des prisons départementales, quelquefois ils en forment le huitième.

On parle sans cesse du nombre toujours croissant des affaires criminelles, c'est principalement à la mise en surveillance qu'il faut l'attribuer. Le 74e tableau de la statistique criminelle pour 1839 donne la preuve que, sur 27,416 individus arrêtés pour délits de la juridiction correctionnelle, 3,012 ne l'ont été que pour infraction au ban de surveillance.

Le chiffre progressif des récidives est aussi un sujet d'alarmes pour la société ; il faut pourtant observer que l'on compte comme récidivistes dans les tableaux statistiques, et pour autant de fois qu'ils sont arrêtés, les individus condamnés pour infraction à la mise en surveillance, infraction qui n'est pas un délit, mais une simple contravention. On lit dans le rapport qui précède les tableaux de 1839 : « Les poursuites réitérées contre les individus en récidive ont, le plus souvent, pour objet des infractions au ban de la surveillance. »

Voici qui est plus grave, c'est que les récidives ne sont pas seulement causées par ces infractions, mais elles le sont encore par l'état même de la mise en surveillance qui, ôtant aux individus les moyens de trouver du travail, *les jette dans la récidive aussi souvent par désespoir que par perversité.* Nous avons vu M. le garde des sceaux reconnaître cette vérité, en 1831.

Si, au moins, la mise en surveillance des condamnés libérés devait contribuer à la sécurité publique, on pourrait la tolérer comme une des nécessités de l'ordre social; mais cela n'est pas ainsi, la comparaison entre ce qu'était la mise en surveillance, avant 1832, et ce qu'elle est maintenant, est encore tout à l'avantage de la première époque.

Sous le code de 1810, tel qu'il fut primitivement, dans les articles 44 et 45, une résidence était assignée par le gouvernement aux condamnés, au moment où ils venaient de subir leur peine; ils ne pouvaient la quitter, ils restaient constamment sous l'inspection de l'administration, la surveillance était réelle, efficace.

Aujourd'hui, les condamnés peuvent changer à volonté le lieu de leur résidence, même avant d'y être arrivés. De 1816 à 1831, il n'y a eu que 22 individus, ayant destination de résidence à Orléans, qui ne s'y soient pas rendus, et de 1831 à 1841, il y en a eu 941.

Dans la seule année 1839, 310 condamnés libérés ont été annoncés pour avoir leur résidence dans le département du Loiret, 92 ne s'y sont pas rendus, 163 en sont repartis presqu'aussitôt pour reprendre leur vie vagabonde.

Quel est, maintenant, le chiffre des individus mis en surveillance existant en France? Ce serait un bien triste recensement à faire. En prenant comme élément de calcul la statistique de 1829, pour les années precédentes, jusqu'à 1810, on peut évaluer à 2,255, par chaque année, le nombre des mis en surveillance pour toute leur vie, et à 9,000 le nombre des mis en surveillance temporaire (au moins cinq ans), par suite de condamnations à des peines correctionnelles. Depuis la réformation du code, en 1832, le nombre des mis en surveillance à vie a dû diminuer, par suite de l'abaissement des peines; cependant le nombre des condamnés aux travaux forcés et à la réclusion, et conséquemment à la surveillance pour toute leur vie, a encore été de 1,713, pour l'année 1839. Mais le nombre des surveillances temporaires, par suite de condamnations à des peines correctionnelles, a augmenté; il a été, pour la même année, de 11,782.

Les décès ont diminué le nombre des mis en surveillance; il doit cependant être encore très-considérable, aussi est-il impossible de suivre leurs traces, et, malgré l'action incessante de l'administration, la mise en surveillance est constamment éludée, elle a cessé d'avoir la moindre utilité.

Les tableaux statistiques en fournissent encore la preuve. Les hommes mis en surveillance ne peuvent résider à Paris. Or, il s'y en trouve toujours un très-grand nombre. Dans l'année 1837, 520 y ont été condamnés pour infraction au banc de surveillance; dans l'année 1838, 692, dans l'année 1839, 680.

Il en est de même dans les autres villes dont la résidence est défendue aux mis en surveillance : en 1839,

108 ont été condamnés à Versailles, 148 à Lyon, 56 à Bordeaux.

Combien, maintenant, ont échappé à la police et aux condamnations? Est-ce que Lacenaire et autres grands coupables n'étaient pas des mis en surveillance? On peut donc conclure que cette mesure n'a jamais empêché un crime; tout au contraire, elle en a fait commettre, en réduisant au désespoir beaucoup de libérés.

Doit-elle être supprimée? Il semble qu'il n'y a pas à hésiter, puisqu'elle ne rend aucun service à la société et qu'elle est aussi fatale pour les individus sur lesquels elle pèse: déjà, en 1831, des paroles éloquentes se sont fait entendre pour son abolition.

A la séance de la chambre des députés du 23 novembre 1831, M. Vatout disait : « Héritage d'un pouvoir ombrageux, la peine de la mise en surveillance ajoute à la sévérité légale de la justice tous les caprices de l'administration; elle transforme en parias tous ceux qu'elle atteint. C'est peu d'avoir subi le châtiment porté par les lois, il faut qu'ils passent à un autre supplice non moins douloureux que la perte momentanée de leur liberté.

« Votre commission a senti la nécessité d'adoucir cette peine, et je l'en félicite. Mais ce n'est pas assez de l'adoucir, il faut l'abroger, car elle est aussi injuste qu'humiliante. »

Dans leur ouvrage, sur le système pénitentiaire aux États-Unis, MM. de Beaumont et de Tocqueville n'ont pas hésité à dire : « La surveillance de la haute police, telle qu'elle est exercée aujourd'hui, est moins utile à la société que funeste aux libérés. »

Si pourtant on hésitait, en ce moment, à supprimer la mise en surveillance, ne faudrait-il pas, au moins, dans l'intérêt de la sécurité publique, et aussi dans l'intérêt d'un nombre immense de malheureux, la restreindre, soit dans sa durée, soit dans son application.

Vainement on chercherait un meilleur moyen d'exécution de la mise en surveillance; on a voulu, on a espéré l'obtenir en 1832, on n'y est pas parvenu parce que cela est impossible.

Toute surveillance, le mot le dit assez, ne peut s'exercer sans que l'individu qui y est soumis soit continuellement sous l'œil et sous la main de l'administration. Elle n'est utile et efficace qu'à cette condition.

Or, cela ne peut se faire sans perpétuer la publicité de la condamnation, et, conséquemment, sans ôter à l'individu surveillé la liberté d'existence qui lui est nécessaire pour trouver de l'ouvrage et devenir honnête homme, s'il en a pris la résolution.

Tout d'abord, lorsqu'elle fut proposée, la mise en surveillance ne devait être prononcée que contre certains condamnés qui seraient jugés pouvoir être dangereux après l'expiration de leur peine; elle est devenue, au contraire, la conséquence attachée à toutes les condamnations émanées des cours d'assises et à une grande partie des condamnations correctionnelles.

Mais pourtant, cette mesure n'a passé dans notre législation qu'avec la faculté de s'en rédimer, en donnant une caution; il apparaît assez, dans la discussion qui a précédé le code, que, si elle eût été présentée comme mesure absolue, irréparable pour le condamné, elle n'eût pas été admise. Mais la raison principale qui fut donnée, dut exercer une grande influence sur de bons esprits : c'est que l'homme qui ne pouvait trouver une seule personne disposée à répondre de sa conduite future devait inspirer de justes soupçons pour l'avenir, et qu'il y avait grande utilité à le soumettre à la surveillance de l'administration.

Alors put se justifier la mise en surveillance pour toute la vie, puisqu'il dépendait du condamné de la faire cescer en présentant une caution. Cette observation a, sans doute, échappé lors de la discussion, en 1832, car on a maintenu le surveillance à vie, lorsque l'on enlevait aux condamnés la faculté d'obtenir la liberté de leur personne en donnant caution.

Le gouvernement avait proposé le maintien de cette faculté, beaucoup de membres, dans les deux chambres, partagèrent cette opinion. M. Vatout disait, à la séance de la chambre des députés du 2 décembre 1831 : « La commission a été plus sévère que le gouvernement. Il vaudrait mieux maintenir ce projet. Il serait plus convenable que l'individu placé sous la surveillance, n'y fût mis, en effet, que lorsqu'il n'aurait pu fournir le cautionnement. »

Mais on objecta qu'en général les cours d'assises attachaient peu d'importance au cautionnement, qu'elles le fixaient à un taux si bas, que, si ce n'était la misère des condamnés, au sortir des prisons, tout le système de surveillance deviendrait illusoire, que le nombre des condamnés qui se cautionnaient n'était pas considérable, et que ce moyen d'échapper à la surveillance n'était employé fréquemment que par les libérés de Paris et des environs.

Ces objections furent reproduites par M. Dumont, rapporteur de la commission, en déclarant, toutefois, comme nous l'avons vu ci-dessus, que le système des cautionnemens pourrait se coordonner avec un code disciplinaire des prisons, et devenir, pendant la durée de la peine, l'espérance des condamnés et un puissant mobile de bonne conduite.

On dut donc considérer la question du cautionnement comme seulement ajournée ; le moment de la reprendre serait maintenant arrivé.

Lorsque les cours d'assises ne pouvaient prononcer une condamnation sans y ajouter la mise en surveillance, qui, dans beaucoup de cas, devait leur paraître ou inutile, ou trop aggravante, on peut croire qu'elles étaient portées à fixer les cautionnemens au taux le plus bas.

Si, au contraire, elles avaient la faculté de ne prononcer la mise en surveillance que lorsqu'elles la jugeraient indispensable dans l'intérêt de la société, cette peine qui, quoique secondaire, est si grave dans ses conséquences, serait l'objet d'une prudente et sévère appréciation ; nul doute qu'alors les cours ne fixent la valeur du cautionnement, de manière à en faire ressortir une véritable garantie.

La question du cautionnement dépend donc de la détermination à prendre sur la mise en surveillance. Que cette mesure devienne ce qu'elle aurait dû être dans l'opinion du consul Cambacérès, une mesure spéciale, applicable seulement à des condamnés jugés dangereux, bien des difficultés, sur le mode d'exécution de cette mesure, disparaîtront.

Ainsi, que la mise en surveillance ne soit plus prononcée que par les cours d'assises, et non par les tribunaux correctionnels.

On objectera, sans doute, que parmi les justiciables de la police correctionnelle, il s'en trouve de véritablement dangereux pour la société. Il y a des escrocs, des fripons, des récidivistes qu'il est nécessaire de surveiller, soit; mais il faudrait alors, au moins, que les tribunaux correctionnels ne pussent prononcer la mise en surveillance que dans des conditions déterminées et très-restreintes, de nature de délit, d'âge et de durée de l'emprisonnement ; il faudrait même leur laisser le droit de ne pas la prononcer. On ne verrait plus, comme cela arrive tous les jours, un individu condamné à un mois d'emprisonnement et cinq ans de surveillance.

C'est principalement pour les cours d'assises que la mise en surveillance doit être facultative ; elle est une peine très-aggravante, qui exerce sur l'avenir du condamné la plus funeste influence ; laissons donc aux magistrats à décider, dans leur prudence, s'il y a nécessité de l'ajouter à la peine principale.

Ils ne s'y détermineront pas pour une première faute ; ils considéreront l'âge du condamné, son repentir, sa position de famille, ses moyens d'existence, enfin toutes les circonstances qui leur feront apprécier si, à l'expiration de sa peine, le condamné devra, dans l'intérêt public, être soumis à la surveillance.

Qu'elle ne soit plus prononcée pour la vie. Est-il juste d'ajouter à une peine temporaire, et comme accessoire, une peine indéfinie? C'est un fait, prouvé par les statistiques, que c'est toujours dans un temps très-rapproché de leur sortie de prison que, soit par défaut de ressources ou de travail, soit même par corruption, les libérés commettent de nouveaux crimes. On peut donc regarder comme très-probable que celui qui se sera bien conduit pendant deux ou trois ans ne sera plus dangereux pour la société; il y aura pris une nouvelle place.

L'affranchissement de la mise en surveillance ne pourrait-il pas aussi se combiner avec le nouveau système pénitentiaire maintenant proposé. L'espérance d'obtenir cette libération serait, pour beaucoup de condamnés, un encouragement au travail, une excitation à apprendre, dans la prison, un état lucratif.

Il est des condamnés qui sortent des prisons avec une masse, produit de leur travail; la faculté de se cautionner avec cette masse, qui serait placée dans une caisse d'épargnes, pourrait devenir, pour plusieurs, un mobile puissant de bonne conduite. Les sociétés de patronage, dont l'utile institution devra se propager, ne se chargeraient-elles pas aussi de cautionner certains condamnés, qui auraient déjà donné quelques preuves de la volonté de gagner honnêtement leur vie? Elles, aussi, surveilleraient les condamnés qu'elles auraient cautionnés; mais quelle différence entre cette surveillance de charité et la surveillance de la police.

Déjà, dans les maisons centrales et dans les prisons départementales, la conduite individuelle des condamnés est étudiée, un compte moral est ouvert pour chacun d'eux ; il a servi jusqu'à présent à signaler à la clémence royale ceux des condamnés qui s'en rendent dignes par leur bonne conduite, leur zèle pour le travail. Il sera donc facile d'avoir des directeurs des maisons centrales et des prisons départementales des rapports circonstanciés sur la conduite des condamnés pendant leur détention, sur leurs moyens d'existence pour l'avenir, enfin tout ce qui pourrait éclairer le gouvernement et le déterminer à affranchir les condamnés de la surveillance.

En résumé, si l'on croit indispensable, dans l'intérêt de la société, de maintenir encore le renvoi sous la surveillance de la haute police, il faut le restreindre et le limiter pour le rendre efficace, et afin qu'il ne soit pas une cause de ruine, de misère et de nouveaux crimes pour les condamnés libérés.

Le concours des moyens qui ont été indiqués ci-dessus, et de ceux que la sagesse du législateur pourrait y ajouter, diminuerait de beaucoup le nombre des mis en surveillance, et, par une conséquence nécessaire, on obtiendrait ce résultat si désirable, l'abaissement du chiffre de la population des prisons.

Orléans, imprimerie de J.-B. Niel, rue d'Escures, 3.

www.ingramcontent.com/pod-product-compliance
Lightning Source LLC
Chambersburg PA
CBHW070146200326
41520CB00018B/5321